· 青春期自救手册 ·

失败并不是成功之母

[法] 卡罗勒·维德迈尔（Carole Widmaier）著
[法] 阿尔弗雷德（Alfred）绘

中信出版集团 | 北京

图书在版编目（CIP）数据

青春期自救手册 . 失败并不是成功之母 /（法）卡罗勒 · 维德迈尔著 ;（法）阿尔弗雷德绘 ; 时征译 . -- 北京 : 中信出版社 , 2023.9（2024.4重印）
ISBN 978-7-5217-5841-2

Ⅰ . ①青… Ⅱ . ①卡… ②阿… ③时… Ⅲ . ①心理健康－健康教育－少儿读物 Ⅳ . ① G444-49

中国国家版本馆 CIP 数据核字（2023）第 115519 号

青春期自救手册 · 失败并不是成功之母

著　　者：[法] 卡罗勒 · 维德迈尔
绘　　者：[法] 阿尔弗雷德
译　　者：时征
出版发行：中信出版集团股份有限公司
（北京市朝阳区东三环北路27号嘉铭中心　邮编　100020）
承 印 者：北京瑞禾彩色印刷有限公司

开　　本：787mm × 1092mm　1/32　　印　　张：1.25　　字　　数：16千字
版　　次：2023年 9月第 1 版　　印　　次：2024年 4月第 4 次印刷
京权图字：01－2022－3949
书　　号：ISBN 978－7－5217－5841－2
定　　价：13.80元

“熟”就一定能“生巧”吗?

亚里士多德曾说过“一个人会在打铁的过程中变成铁匠”，这就是熟能生巧的意思。要想学会一项职业技能——掌握专业技巧，在特定领域内培养出良好的习惯并获得迅速做出反应的能力，需要经过反复练习才能实现。一个新手在刚开始打铁时动作缓慢且不规范，他的动作是不一定正确的，操作也很缓慢，此时只能说他以后能成为一名铁匠。只有经过长时间的反复练习才能使他变成一个合格的铁匠，或者说一个真正的铁匠。在这里，初学者只是一个学徒，他之前所掌握的理论知识，在实际操作的过程中必然会遇到挑战。这些挑战可能会来自他所接触到的原材料：这些材料在加工的过程中很容易变形，因此仅依靠理论知识就想把它们塑造成头脑中想要的物体，是非常困难的。

初学者对生产步骤已经熟记在心，因为他为记忆和整合这些步骤付出了巨大的努力，但在他长期接触所要使用的材料之前，其实并没有真正学会任何东西。材料的阻力，以及不同材料之间的细微差别和质量差异（在锻造钢和锻造铜的时候所用的方法并不一样），突出了单纯学习理论知识脱离实际的弊端：在学习一项职业技能时，想掌握它，就要不断在具体的实际操作中去磨炼。

学徒在不断尝试的过程中获得了知识，而这些知识也让他发生了变化。于是，他在操作中能够看得更精准了，也找到了更合适的姿势、力道和手形。在经过多次失败与成功的反复锤炼之后，他不再像一开始那样笨手笨脚，而是可以快速熟练地完成了，这也会让他在面对同样工作的时候胸有成竹。

作为工匠模式中最普通的一种，铁匠的例子似乎揭示了通过经验（一种在习得之后才能掌握的东西）来完成学习的本质。经验丰富的人拥有一种特殊的智慧，这种智慧包含了过去的勇于尝试和如今的严谨细致，随着磨炼的时间越来越长，这种智慧对人的影响不再像年轻时那么强烈了，但人对这种智慧会拥有更细致更深刻的认知。

智者能够从长期经验中了解到，人要想了解生命必须付出时间，甚至可能是一生的时间。

过往的经历会让他认识到，实际生活中存在很多不可预知的状况，并非按照普遍规律行事就能应付自如。随着时间的推移，经验也会更新迭代。

> “随着时间的推移，经验也会更新迭代。”

当然，不是所有的老年人都能成为智者，至少不是所有的老年人都拥有相同或相近的智慧。这是因为经验取决于构成它的特殊经历的特性。而其前提是有能力从这些经历中学习，并允许自己被这些经历所改变。因此，为了使这些经历转变为后天的经验，必须要有一个体验的过程。

我们是否妖魔化了犯错？

负面的经验最有可能促进我们的学习。我们都听过一句古语，叫“人非圣贤，孰能无过”，其实这句话还有后半段，“过而能改，善莫大焉”。引申过来就是犯错是人之常情，但要从错误中吸取教训。这是符合人性的事，因为我们有限的理解力必然会限制我们的认知。在人的一生当中，即使经验和知识再丰富，也无法避免犯错。因为生活本身就是一个不断体验、勇于尝试的过程，那么犯错的风险就会永远存在。只有待在我们已经完全熟知的环境中，一直尝试做我们熟悉的事情，才能使我们不犯错误。但是，从不突破自己，从未冒过险，这样的人生又算是什么呢？那只是没有意义、没有味道的人生。

其实，在西方，“犯错是人之常情”后面也有半句，但很多人都不知道，即“坚持错误则是

魔鬼的行为”，它指明了一个问题：我们的弱点可以被谅解，但这是有前提要求的。要想还在常理许可的范围之内，就必须把错误当成一种真实的体验：让我们自己进行反思，以避免再犯同样的错误。

犯错本身并不是一种快乐的体验，在现实中，它起初总是会让我们受到惩罚。比如，在学校里，如果得到了一个糟糕的分数或一个不好的评语，你会从心里感到羞耻或内疚；如果违犯了法律，会受到法律的制裁；如果烧伤了自己，则会遭受身体上的痛苦。无论性质如何，这种实质性或象

经验是每个人给自己犯的错误取的名字。
奥斯卡 · 王尔德（英国作家）

征性的惩罚，都让我们了解到自己的行为所带来的显著影响，并引导我们重新审视自己当时做这些事的意图或方式。

人类对错误能够产生记忆，这种记忆体现在对已发生行为的修复和纠正之上。否则，这些错误就会变成阻碍我们进步的“魔鬼”。从希腊语的词源来看，“魔鬼”（diabolos）会使我们分化，而不是联系在一起。努力不再犯错误，是一种重新取得联系的方式。将自己与那些因为我们的错误而受到影响的人联系在一起，将自己与世界联系在一起，让自己以一种更恰当的方式融入其中。在改善或重塑内部一致性的过程中，与自己建立联系。即使犯了很严重的错误，也依然能够重新面对自己的生活。

除了犯错，我们还能从哪里学习？

犯错并不是唯一的学习方式。那些让我们收

获认可、感激、成功或快乐的积极经验，也是我们学习的途径。

这种途径会让我们的学习更加通畅，没有障碍。在人生的进程之中，这样的学习所带来的不是责备或质疑，更多的是一种再次肯定。

其实，在那些有积极意义的难忘幸福经历中，也隐藏着各种考验。比如我们可能遇到了一个心爱的人或知心的朋友，找到了一份新的工作，来到了另一个国家，开始了一种新的生活……任何变化都会带来未知的挑战，这些挑战都会丰富我们的阅历和提升我们的能力。

如果我们想在新的变化中有所作为，就意味着我们至少要对自己进行一定的调整，要重新考虑我们的参照依据和观察方式。在面对新事物的时候进行自我修正，这肯定会给我们带来不适。一段经历，无论快乐与否，我们在接受它的时候，它都会或多或少对我们的稳定和平衡造成严重影响。

为什么在青春期我们更容易犯错？

在青春期，各种经历都可能会给我们带来特殊的体验，这并不是偶然的，因为这个年龄段原本就要面临重重挑战。作为从儿童到成年人的过渡期，青春期的长短因人而异，它既是一个对一切产生强烈质疑的时期，也是一个开始独立做决定的时期。

在童年时期，我仍然处于成人的保护和权威之下，所有经历并不是真正出于自己的选择。而青春期则伴随着变化、隔阂、叛逆、冲突，以及

> **“我得重新思考外部强加给我的那些规则，评估它们是否具有合理性，以便自己做出最终的决定。”**

关于存在的哲学思考，是向自主过渡的一个时期：我得重新思考外部强加给我的那些规则，评估它们是否具有合理性，以便自己做出最终的决定。

不断成熟的主体意识一直审视着我的参照依据。我经常违反父母或学校为我制定的规则，我发现善与恶并没有被铭刻在任何大理石上，也没有记录在任何文本中。这种完全不确定的新经验和令人头晕目眩的知识引导我去思考，我所违反的这些规则是否仅仅是在表面上区分善恶的标准，而并不是真理。

违反规则和限制的行为揭示了我们自己的个性，这实际上是一种颠覆性的尝试，突出了那些看似绝对和必要的禁令所具有的相对性和强迫性。我们必须在这种非常不确定的情况下去考虑真正属于我们自己的未来。

屡败屡战可行吗？

青春期是有意识地进行体验的年龄段，也是考验和了解自己的机会。

我做这些体验，是为了检验自己的极限或能力，我选择的对象不是别人，而是我自己。为了更好地了解自己，我决定尝试一些新的事物。我根据自我认知的明确目标，来面对世界和他人的外在性。

这也是一种对生命感觉的找寻。我试图向自己证明自己的存在，仿佛这并不是一件不言自明的事。

当我体验时，我要确保自己的存在：我会尝试真正属于自己的生活，而不是接受外部强加给我的生活；直接体验生活本身，而不是活在自己的想象或是别人的描述之中。我在此期待着一个在本质上与我相关的事实结果：失败和成功最终被看作是我的行为的结果，而快乐和痛苦则是我承担风险的回报。

我们如何通过实验学习？

有些经验来自外部事物，即来自那些不属于我们的东西，这类经验的获得方式比较特别。它是将主体的行为作用到客体之上，从而获得关于客体的经验。这类经验比较特别，是通过另一个事物带给我们的主观感受而获取的。如果我烧伤了自己，那么我首先从这件事中认识到的是火的属性，或者至少是它对我身体所造成的影响，而对我来说，火是一种不属于我的外物。

在一个完全不同的范围里，进行实验的科学家并不是在试图认识自己，而是在寻求认识那些在他们之外的东西，尤其是自然或社会现实的规律和结构。

这种科学实验的模式是可以帮助我们了解自己的关键经验。获取知识是主体获得认知，但获取知识的行为却总是表现为一种脱离自身的运动。在科学的概念里，自然和社会现实被转化为客观的研究对象，为了认识它，我们必须首先使它外在化，然后再去面对它，并以尽可能中立的目光来看待它。

科学实验不是自然发生的，而是人为设计出来、用于证实或否定一系列假设的实践操作。但与证实它相比，发起实验的科学家对于如何推翻它更感兴趣，这就是科学与意识形态的根本不同之处。**达尔文**的物种进化理论和纳粹的种族意识形态都试图创造一种逻辑严密的世界观。但是，达尔文的进化论在面对所有动摇其基础的事实时，总是准备进行自我修正，而纳粹的种族意识形态从一开始就否定了可能与之相冲突的事实。

这种与意识形态的区别始终贯穿于科学本

身。以著名的斯坦福实验为例，社会心理学教授**菲利普·津巴多**进行的这个实验是为了确定人们的道德感到底是由周遭环境诱发还是由他们自身的个性诱发的。

1971年，他创建了一个假监狱，并将看守和囚犯的角色随机分配给一群学生志愿者。很快，"看守"对"囚犯"表现出了虐待行为，而这个看似证实了环境影响行为的实验也随即被叫停。然而，最近人们发现（正如**蒂博·勒·泰瑟**在《谎言史》中所提出的那样），这个在专家和普通人之间广为流传的实验从一开始就涉嫌造假，目的就是证实他所提出的理论。

经验对我们了解自己有什么帮助？

如果我想用科学家做实验的方式来了解自己，那么我首先要根据我对自己的看法和我想要测试的东西来认真设计实验。在后面的实验过程中，我还要能够根据我观察到的自身行为和情绪来调整实验。只有这样，实验才能发挥它的作用。

但是，如果我把自己当作科学家，通过实验的方式来研究我的“自我”，就需要将我自己置于一定距离之外，站在旁观者的角度来进行观察。我得把自己抽象出来，而不去考虑这些实验会对我产生的实际影响。我觉得我可以作为一个纯粹的观察者，而这正是最不现实的一点。因为，在这个以我为研究对象的实验之中，我必须认识到我的研究总是显示外部世界和我自己存在关联：我无法通过这个实验去了解与我无关的任何属性，也无法了解我自己的任何属性，我所研究的始终是我自己和外部世界之间的关系或关联。

所有这一切都让我明确地了解到，我无法存在于一个关系体系之外，我的存在本身就是关系性的。而这种关系并不仅仅包含我和世界这两个概念，而是至少涉及三个：我、世界和“其他人”。至于这些“其他”个体，这些其他的经验主体，

我正是在这些经验中与他们建立了关系，但他们并不是像我一样被同样的关系所定义，因为他们的世界观都与我并不完全一致。

我在互动和交流中了解到世界上各种关系之间的巨大差异。正是经验的分享让我意识到，在他人和自我之间，既有共同之处，也有不可逾越的差距。

当我体验世界的时候，我也处于我所认识的范畴之中，这就使我和那些尝试认识大自然的科学家有所不同。因为世界也是由很多主体构成的，这些主体同时也在观察着它；我们都有不同的观点，正是这些观点的总和构成了一个世界。

我们如何用经验提升自己？

我们身处在这些完全不同的关系之中，而它们也定义了我们，不过这些关系并不是固定的，而是在不断变化的。我的经历可以让我改变自己的观点。在我的所有经历中，有些经历具有特殊的意义：它们远不只是我经历过的事情，而是切实教会了我一些东西，也就是说，它们改变了我。

> “如果经验也有年龄，那是因为它被时间记录了下来。”

每个人的经验，都可以成为所有人的财富。

钱拉·德·奈瓦尔（法国作家）

在发现了一种不同的文化或者失去了一位亲近的人之后，我都不再是以前的我了，我要做的就是达到一种新的平衡：在不必分裂或失去自我的情况下对自己进行改造。从经验中学习，也是一个能力问题。每个人都或多或少有能力让自己被他遇到的事物所改变，这种能力会随着生命的进程而出现或消失。

从经验中学习意味着同意被经验所改变。因此，注重经验并不意味着为了实践而放弃理论，或为了行动而放弃沉思：如果我同意经验对我的世界观进行改造，那么那些看上去最理论化的知识也可以成为我的经验。因此，与人们通常认为的相反，知识分子并不会将经验弃之不顾。

他们的存在方式本身就是一种实践，因为他们总是在获取知识的过程中，通过所获得的知识来改变自己。

我通过经验所要达到的这种对自己的了解，不可能也不应该是一个存在于经验之前和独立于经验而存在的实体。因为我不是一个“自在”——一种只允许在表面上被体验所影响的物质，而是一个“自为”——我的存在只有在真实体验中发生脱离自我的情况下才会真正产生。

我如果在异国他乡逐渐适应了环境，克服了自我封闭和恐惧，一旦我发现自己有能力做到这些，便会因此改变对自己的看法，即增添了生活下去的信心。但与此同时，我也创造了这种能力，它在之前是不存在的，原来陌生的东西现在对我来说变得熟悉了。

我从身体上和精神上丰富了自己对一系列全新关系的认知。这个认知过程会一直持续下去。这并不是因为我的“自在”太深奥，以至于我永远也无法完全了解自己。而是因为这个世界每时每刻都在发生变化，人的情感生活也无比丰富，这就使得每个人都拥有无限的可能。随着我的经历越来越丰富，我也要不断地改变和修正自己。因此，这些经验利用了我的身份，而这个身份是在不断形成的，但从未达到确定的形式，所以，对原材料逐步掌控的“成为铁匠”的这种工艺模式，并不适用于全部存在。

如何避免犯极端错误？

我的身份是由我的经历塑造的，但并不是所有的经历都会对我自己称之为身份的东西起决定性作用。

只有我能够考虑或决定怎样的经验会构成我的身份，而其他的经验则不会作为我个人的特质铭刻在我身上。我可以对各种不同的体验保持开放的态度，并且接受自己身份发生改变或重置的可能性。

> “无论什么经历都能够使我发生改变，但未必是身份上的改变。”

无论什么经历都能够使我发生改变，但未必是身份上的改变。这就是为什么除我之外的其他人对我的身份所做出的任何确认，都带有一定的强迫

音乐厅

性。除了我之外，没有人能知道某段经历是否会构成我身份的一部分。

因此，这些经历的所有主体都要承担风险，因为生命本身就是一种冒险。在青春期，我会把自己的生命置于考验之中以彰显自己的存在。在这一时期，我的各种经历往往会采取冒险的方式，于是求知的勇气就需要用已知的谨慎进行限制。然而，除了我的身份之外，我的身体和精神的统一性也会受到威胁。冒险不等同于危险。在青春期，我们可能会接触到一些极端的状况，但这些极端的事无法带来任何积极的意义和经验。

我的这种避免使自己暴露于毁灭性的危险中的能力，与其说是从道德和生活所带来的教训中学到的，不如说是来自始终对自己保持敏感的不断努力。

那些无法带给我们经验的事有什么意义?

因此，一个人的经历为他带来了经验，而他的经验又对正在经历的事有所助益。按照这种说法，经验有时被利用，有时被拥有。然而从根本上来说，它不也是一件互有往来的事吗？因为它始终涉及一件事的方方面面。人无法在没有冲突、变化和意外的情况下获得经验。而我们用来测试自己极限或检验自己能力的经历可能会产生不可预见的影响。

这些经历都拥有无法控制的部分，而所有事也都只有在经历过之后才能成为经验。

许多经历不是通过我们主动地反复尝试而获得的，也不是能被我们主动选择而获得的，但它们却有助于界定我们的身份。在童年时期，我们自认为会受到保护，也还没拥有大量的经验，创伤或暴力事件可能就发生在这个阶段，然后在记忆和想象中不断重现。有些事是我们很难体验甚至可能是无法体验的，但这并没有给我们造成个人损失。有些人丧失了对自己能力的认知，对生活失去了兴趣，无法以积极的方式融入世界。这就是**凯瑟琳·马拉布**所描述的“新型伤患”。

那些脱离社会的人，就像阿尔茨海默病患者

等脑部受到创伤的受害者一样，似乎无法通过这些遭遇获得任何经验和任何改变。

不过，即使某些创伤不会再带来任何负面的影响，但仍然可能会有另外一些创伤取而代之：能否成为经验，取决于是否会再出现类似的经历。所以，即便结果依旧无法确定，精神分析还是鼓励患者将自己的经历说出来，并赋予这些经历以意义，从而让其继续存留下去。

正因如此，一些被关进法西斯集中营的人们付出巨大的努力，公开分享他们惨绝人寰的遭遇，并创造出了“集中营文学”（**普里莫·莱维**、**罗贝尔·安特尔姆**、**夏洛特·德尔博**、**大卫·鲁塞**等人的作品都属于这一类型）。

生命受到的伤害无法挽回，但因为经历得以分享的缘故，它们再次被世界所铭记。这种分享无法产生一个完整的经验共同体，但它确实让我们至少部分地拥有了那些我们没有直接经历过但别人经历过并告诉我们的事情的经验。通常来说，玉不琢，不成器；人不学，不知道。

《礼记 · 学记》

我们的经历并没有如此悲惨，但我们仍然需要和他人分享这些经历，以证实它们真实发生过并对我们的身份造成了影响。

经验是怎么让我们变得更好的？

即使有再多的经验，它们也无法帮我们找到真理，它们所带给我们的是认知。从道德观点来看，它们永远不会引导我们对善与恶有一个明确的看法，它们的作用反而是将这些绝对的参考标准不

我们想从故事中得到的是代入感的体验。

约翰·厄普代克（美国作家）

断地相对化。不过，即便它们从不教导我们什么是“道德”，仿佛道德是独立于我们而存在的一样，但它却会增强我们的道德感，用一种不断变化的方式让我们了解各种行为所带来的结果是好是坏。让我们了解到，对我们来说什么是好的、什么是坏的，我们应该做什么、不应该做什么，我们应该追求什么、规避什么。让我们更加了解我们在快乐和痛苦以及有用和有害两个极端之间所处的位置。一个“有经验的人”所具备的素质，可能就是他们在世界中自我定位的能力。

> “此外，当一个人分享经验的时候，他就已经真正拥有了这些经验。”

我们会被经验塑造吗？

因此，同意改变不应该是被动接受外部世界或他人对自己的塑造。我们总会在两种身份之间寻找自己的定位。第一种是“固态身份”。如果我相信自己是一个物体，是一个状态无法改变也不应该被改变的固定实体，一个固执地拒绝受他人以及他们观点的影响的实体时，那么此时我的身份就属于“固态身份”。当我遇到一段爱情或一份友谊时，如果我向对方明确表示我永远不会改变，他们必须接受我现在的样子，不然就离开的话，那么实际上我无法遇到任何人，因为我拒绝经历体验。

反之，如果我屈从于对方的目光和意愿，不做任何坚持就任由自己变成他所期望的样子，我要面对的就是第二种身份，即“液态身份”。

在这种状态下，我没有固定形态，也没有参照标准，我可以将自己变成任何形式。因为没有内在标准，我就需要寻找外部的参照物，于是我就会很容易被一个人、一个群体或一种意识形态所左右，这将给我带来存在感，但我也将因此失去自己的身份。

想要避免在这两种倾向之间摇摆不定，是充

满困难而又令人期待的，我们需要赋予自己一个可塑的身份。那些能够改变形状，但还没有确定任何形状的物品，以及那些有能力调整，但积极抵制被人操控的人，都是具有可塑性的。可塑性是大脑的一个基本属性，是所有学习的基础，在此也成为正确对待经验的范例：

对所有事物都保持开放的态度，在不迷失自我或忘记自我的情况下收获惊喜和改变。所以，我们所面临的挑战就不再是认识自我了，而是不断让自己去适应外界，并在这个适应的过程中让自己变得更强大。

我们应该怎样对待经验？

每个人对待经验的主要方式完美地表明了他的身份，或者更简单地说，他的脾气秉性。我想要成为塑造自己人生的工匠：我要找到能让自己幸福的方式，这也将是我追求的目标；我要为自己的生活制订计划，然后分阶段地实现它；我要努力克服生活中的种种障碍，尽可能将风险降到最低，努力去掌控那些未知的状况。我认为幸福可以被预先规划，而生活的热情会在所有欲望都被满足时持续下去。然而当我这么想时，我就犯下了一个根本性错误，那么也就要承担它所带来的巨大风险。

我想要成为自己人生的实验者，我想要了解我自己，并尽可能多地去获得一些经历，来验证我对自己的那些设想是否可行。但我还必须与自己保持距离，并认定我的经历不会使我发生改变。这又是一个矛盾的地方。

或许我更应该像艺术家那样，在某种程度上成为自己人生的创造者，对无法预见的事情保持开放的态度并尝试加以利用，在没有预先计划的

情况下也能够抓住事物的本质，在接受外界影响的同时也保持自己的敏感性。这种对待经验的态度难道不是在这个世界上生活的最佳方式吗？